13 Mars 1890

Succession de M. le Docteur D...

BEAU
MOBILIER
ANCIEN ET MODERNE

EXPOSITION

Le Mercredi 12 Mars 1890

VENTE

Les Jeudi 13 et Vendredi 14 Mars 1890

199, BOULEVARD SAINT-GERMAIN, 199

COMMISSAIRE-PRISEUR

Mᵉ Paul CHEVALLIER

10, rue de la Grange-Batelière, 10

EXPERT

M. B. LASQUIN

12, rue Laffitte, 12.

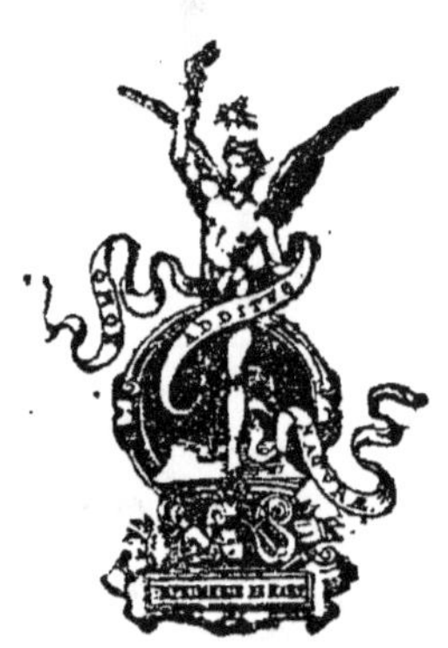

CATALOGUE

D'UN BEAU

MOBILIER

ANCIEN ET MODERNE

Siéges des XVIe, XVIIe et XVIIIe siècles

couverts en tapisserie et soieries

Ameublements de Salle à manger et de Cabinet de travail
en noyer sculpté — Piano de HERZ
Bronzes — Lustres — Garnitures de cheminées
Important groupe en terre cuite de CARRIER-BELLEUSE
Porcelaines de Chine — Faïences — Armes orientales — Curiosités
Éventails — Terres cuites de Tanagra
Tapisseries anciennes — Rideaux en broderie

TABLEAUX ANCIENS ET MODERNES

Aquarelles et Dessins

Par BARYE, GRANET, FORTUNY, CICÉRI, etc.

DONT LA VENTE AURA LIEU

Par suite du décès de M. le docteur D...

199, BOULEVARD SAINT-GERMAIN, 199

Les Jeudi 13 et Vendredi 14 Mars 1890

A DEUX HEURES

Me PAUL CHEVALLIER	**M. B. LASQUIN**
COMMISSAIRE-PRISEUR	EXPERT
10, rue de la Grange-Batelière, 10	12, rue Laffitte, 12

EXPOSITION PUBLIQUE

Le Mercredi 12 Mars 1890, de 1 heure à 5 heures.

CONDITIONS DE LA VENTE

La vente sera faite au comptant.

Les Acquéreurs paieront, en sus des adjudications, *cinq pour cent* applicables aux frais.

L'Exposition mettant le public à même de se rendre compte de l'état des objets, il ne sera admis aucune réclamation une fois l'adjudication prononcée.

Paris. — Imprimerie de l'Art. E. Ménard et Cie, 41, rue de la Victoire.

DÉSIGNATION DES OBJETS

GALERIE — ANTICHAMBRE

1 — Panetière Louis XV en bois sculpté.

2 — Pétrin Louis XVI en noyer sculpté.

3 — Bureau de style Louis XIII, en bois noir plaqué d'écaille, surmonté d'un casier.

4 — Table portugaise à pieds, entretoise et balustres en noyer tourné à torsades.

5 — Beau fauteuil Renaissance, à dossier divisé en deux panneaux sculptés à mascarons et draperies, flanqué de deux montants à cariatides.

6 — Deux chaises portugaises garnies de cuir gaufré.

7 — Fauteuil Renaissance, dossier à deux traverses sculptées à feuillages.

8 — Fauteuil Renaissance garni de point de Hongrie.

9 — Fauteuil du xvie siècle, avec siège garni d'une broderie.

10 — Fauteuil du xvie siècle, en noyer sculpté, et pieds tournés, garni de brocatelle rouge.

11 — Chaise Louis XIII garnie de cuir de Cordoue.

12 — Lustre en cuivre, de style flamand, éclairant au gaz.

13. — Support italien en fer forgé, à branches de fleurs, volutes et enroulements, supportant une sphère en cuivre repoussé, avec signes du zodiaque.

14 — Deux candélabres à huit lumières, en fer forgé.

15 — Garniture de style Renaissance, en bronze et émaux, genre Limoges, en grisaille, composée d'une pendule et de deux vases.

16 — Grille de foyer en fer, avec pelle et pincettes, de travail flamand.

17 — Important groupe en terre cuite, de Carrier-Belleuse : l'Innocence lutinée par des amours.

18 — Support formé d'une figure de nègre accroupi, en bois sculpté.

19 — Grand vase en cuivre gravé, de travail persan.

20 — Aiguière et plateau en cuivre galvanisé, d'après un modèle de Benvenuto Cellini.

21 — Chimère et dragon de Chine en bois sculpté.

22 — Buste de divinité hindoue, en bois doré.

23 — Divinité boudhique accroupie, en bronze, sur son support.

24 — Flambeau persan en cuivre gravé.

25 — Mortier en métal de cloche, portant la date 1643.

26 — Vase et corbeille en cuivre persan.

27 — Vase en bronze patiné rouge, décor de style gothique en relief.

28 — Statuette de Saint Antoine, en bois sculpté, du XVIe siècle.

29 — Trois boîtes à jeu Louis XV, en bois laqué.

30 — Deux lampes-vases en porcelaine gros bleu, à décor doré.

GRAND SALON

31 — Garniture de cheminée genre rocaille, à figures de tritons et naïades en bronze doré de chez Raingo, composée d'une pendule, deux candélabres à dix lumières et deux chenets.

32 — Lustre à quarante-deux lumières, en bronze de même style.

33 — Deux garnitures de fenêtres composées chacune de deux rideaux avec lambrequin en ancienne application de velours et de broderie en soie de couleurs.

34 — Piano demi-queue de H. Herz en bois de noyer d'Amérique.

35 — Couverture de piano en velours de Gênes, à dessin Renaissance, ton sur ton, doublé de peau.

36 — Deux fauteuils Louis XVI, à dossiers ovales, en bois sculpté et doré garni d'ancienne tapisserie de soie à sujets d'animaux et oiseaux avec guirlandes de fleurs.

37 — Fauteuil Louis XVI, en bois doré à rangs de postes et feuillages, garni de soie ancienne brochée.

38 — Deux fauteuils Louis XVI, en bois noir, garnis de soie fond vert.

39 — Canapé Louis XIV, en bois sculpté et doré, garni de

soie ancienne brochée à fleurs en couleurs sur fond blanc.

40 — Deux fauteuils Louis XIV, en bois sculpté et doré, accompagnant le canapé qui précède.

41 — Quatre chaises légères en bois noir, garnies de soie de nuances et de dessins variés.

42 — Tabouret de pieds Louis XV, en bois doré et soie.

43 — Pouf carré avec dessus en tapisserie à la main.

44 — Deux vases en ancien bronze de la Chine, fondus à cire perdue et décorés de dragons se débattant dans les flammes; avec leurs supports-trépieds en bois noir sculpté.

45 — Grande coupe en ancienne porcelaine de Chine émaillée en couleurs à fleurs et montée sur piédouche en bronze de style Louis XVI.

46 — Écran formé d'une bannière en broderie de soie, à cariatide, fleurs et rinceaux. XVIIe siècle.

47 — Table de milieu de salon, en marqueterie de cuivre.

48 — Table de salon de style Louis XV, en noyer sculpté rehaussé de dorure et avec dessus de marbre.

49 — Très grande potiche en ancienne porcelaine de Chine, à décor bleu, à quatre médaillons de figures et paysages réservés sur un fond d'arabesques.

PETIT SALON

50 — Petit panneau de tapisserie du XVIIIe siècle : scène pastorale avec architecture, entourée d'une bordure de fleurs.

51 — Panneau en ancienne tapisserie représentant Ruth et Booz.

52 — Autre panneau en ancienne tapisserie : sujet de deux figures.

53 — Panneau en ancienne tapisserie : figures dans un paysage avec château fort.

54 — Grande pendule style Louis XIII, en émail genre Limoges, décorée en grisaille.

55 à 70 — Panoplie composée d'armes orientales, environ trente pièces : rondache, casque, brassard en damas incrusté d'or, haches d'armes, lances, poignards persans. Fusils et pistolets albanais avec montures en argent et ornés de pierreries, pistolets à montures incrustées, kriss malais, etc.

CABINET DE TRAVAIL

71 — Très grand corps de bibliothèque en trois parties, en noyer sculpté, à pilastres cannelés, panneaux à draperies pliées et encadrements.

72 — Table de style Henri II, en noyer sculpté, avec entrejambes à colonnettes.

73 — Bibliothèque à trois portes vitrées, en bois de chêne sculpté, à figures et trophées.

74 — Garniture composée d'une pendule et de deux candélabres à sept lumières en bronze doré, de style Louis XVI, à feuilles de chêne et de laurier.

75 — Deux fauteuils Louis XIII en bois sculpté, garnis de tapisserie au point à fleurs et oiseaux.

76 — Quatre chaises de style Louis XIII, en noyer, garnies de tapisserie verdure ancienne.

77 — Bergère Louis XV en bois sculpté et tapisserie au point, à dessin en camaïeu carmin.

78 — Canapé en chêne sculpté, garni de moquette orientale.

79 — Petite banquette orientale garnie de velours.

80 — Divers coussins en broderie et tapisserie.

81 — Fauteuil mécanique garni de tapisserie ancienne et panne verte.

82 — Trois garnitures de fenêtres avec lambrequins en panne rouge et broderie.

83 — Tapis en moquette rouge couvrant le cabinet.

84 — Cinq carpettes orientales.

85 — Lustre en cuivre poli, genre Renaissance, avec couronne éclairant au gaz.

86 — Deux petits lustres à cinq lumières, en fer forgé, avec leurs supports également en fer.

87 à 97 — Collection de statuettes de Tanagra en terre cuite et de vases grecs et étrusques.

98 à 120 — Collection d'éventails Louis XIV, Louis XV et Louis XVI en vernis Martin. Montures de nacre et d'ivoire, avec feuilles peintes à la gouache.

121 — Divers objets de vitrine.

SALLE A MANGER

122 — Bel ameublement en noyer sculpté de style Renaissance, composé d'un buffet à deux corps et à trois portes

ornées de bustes, de cartouches, avec couronnement à
godrons; une table carrée à rallonges, une servante et
douze chaises garnies de cuir.

123 — Médaillon en tapisserie ancienne : Sibylle.

124 — Grande tapisserie d'Aubusson du xviie siècle, représentant le Sacrifice d'Iphigénie. Bordure de fleurs.

125 — Paravent à trois feuilles en peluche de soie de cou-
leur.

126 — Écran Louis XVI en bois sculpté peint en noir.

127 — Deux garnitures de fenêtres : rideaux avec lambrequins.

128 — Carpette de Smyrne.

129 — Pendule en marbre avec groupe de trois figures en
bronze, sujet de Télémaque, d'après Vauvray.

130 — Deux candélabres à six lumières en bronze. Style
néo-grec.

131 — Deux potiches en faïence de Delft, à décor bleu.

132 à 162 — Grand nombre d'objets en faïence ancienne
des diverses fabriques françaises, italiennes et hollan-
daises : plaques, bannettes, assiettes, vases, etc.

163 à 173 — Diverses pièces en ancienne porcelaine du Japon
et de Chine : vases, bouteilles, pièces de cabarets, tasses,
soucoupes, etc.

174 à 185 — Divers objets de curiosité : plats en cuivre et
en étain, appliques, miroirs, etc.

186 — Deux bas-reliefs en bronze de Barbedienne, d'après
Jean Goujon.

187 — Meubles divers de chambres à coucher et de cabinet
de toilette.

TABLEAUX & AQUARELLES

188 à 208 — Tableaux et aquarelles modernes au nombre
desquels : Paysage avec cerf, par Barye ; Paysages, par
Ciceri ; Vue d'Italie, par Granet ; dessin par Fortuny,
aquarelle par J. B. Millet, etc.

209 à 219 — Tableaux anciens des écoles italienne, flamande
et française.

220 — Dessins et gravures.

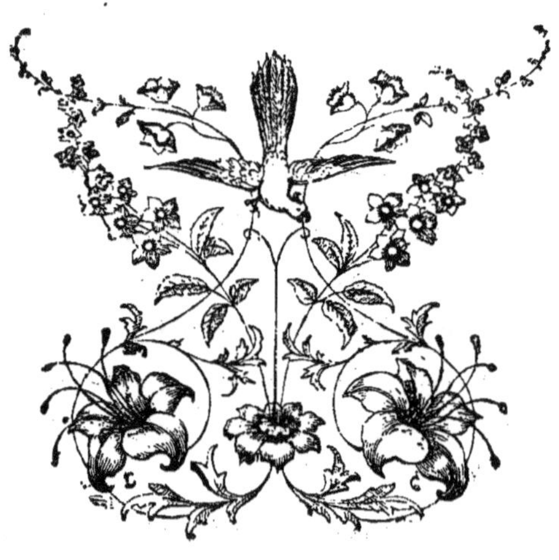